--

Wolfgang Pein

Helga Bredenbrücher

Irland und ein weiteres besonderes Tagebuch für Erstbesucher und Wiederholungstäter

Untertitel:

Irland – eine bunte Faszination

Bibliografische Information der Deutschen Nationalbibliothek: Die Deutsche Nationalbibliothek verzeichnet diese Publikation in der Deutschen Nationalbibliografie. Detaillierte bibliografische Daten sind im Internet über http://dnb.d-nb.de abrufbar.

Dieses Werk ist einschließlich aller seiner Teile urheberrechtlich geschützt. Jede Verwertung und Verwendung außerhalb der engen Freigrenzen des Urheberrechtsgesetzes ohne Zustimmung des Copyright-Besitzers ist unzulässig und strafbar.

Dies gilt insbesondere für Reproduktionen, Speicherung in Datenverarbeitungsanlagen, Wiedergabe auf elektronischen, fotomechanischen oder ähnlichen Wegen, Übersetzungen und Mikroverfilmungen. Sämtliche Rechte bzgl. Idee, Text, Bilder, Umschlag- und Buchgestaltung liegen beim Autor.

Copyright : Februar 2019 - Wolfgang Pein

Herstellung und Verlag:

BoD – Books on Demand, In de Tarpen 42

D – 22848 Norderstedt - Germany –

ISBN Nr. 9783739244693

Prolog :

Irland war, ist und bleibt faszinierend !

Der Erstbesucher wird seine Vorstellungen als voll erfüllt ansehen. Der Wiederholungstäter hat diesen ersten Eindruck schon gewonnen – und völlig klar ist: Er wird immer wieder kommen.

Auch für uns war dies nach unserem Erstbesuch 2003 klar: Wir kommen wieder! Und wir kamen wieder. Wir sind Mehrfach-Wiederholungstäter!

Vielleicht hatten wir bei der Reise 2003 vor lauter Faszination nicht daran gedacht, ein Tagebuch zu führen. Aber spätestens beim nächsten Besuch in Irland haben wir das nachgeholt.

So gibt es bereits „Irland und ein etwas anderes Irisches Tagebuch" mit der Reise im Jahre 2006 mit einem besonderen und privaten Reisebericht, der wie die anderen erschienenen Bücher als I N F O hinten in diesem Buch zu finden ist.

Auch wenn es schon eine Weile her ist, Irlands wundervolle Landschaften haben sich nicht verändert. Einige Kultstätten sind noch immer älter als die Pyramiden; die Menschen sind weiterhin mehr als freundlich und sehr hilfsbereit

Da das auch heute noch gilt, haben wir uns entschlossen, diesen „weiteren" Reisebericht zu veröffentlichen, der den Aufenthalt in Irland im Jahre 2008 betrifft, da es auch darüber noch sehr interessante Aufzeichnungen gibt.

Veranlassung dazu ist auch die Tatsache, dass das angesprochene 1. Irische Tagebuch sehr erfolgreich ist. Sicher wird es auch nicht aufhören, dass es viele Menschen gibt, die entweder – wie es hier auch im Titel heißt – als Erst- oder Wiederholungstäter nach Irland wollen. Sie alle sollen wissen, **you are welcome!**

Aus vielen sehr schönen Reaktionen wissen wir, dass auch unser Buch dazu beigetragen hat, sich endlich einmal aufzuraffen, um sich seinen Traum von einer Irland-Reise zu erfüllen.

Und dieses Buch Irland „Zwei" hat seinen neuen Reiz darin, dass die Reise über Nordirland und Schottland nach Newcastle zur Fähre führt.

Denn die 920 km von Cherbourgh/Frankreich nach Hause braucht man als Rückreise nicht mehr wirklich. Kommt die Fähre nämlich in Ijmuiden bei Amsterdam an, hat man nur noch ungefähr 300 km bis ins Münsterland. Irgendwie hat man nicht mehr so große Lust, nach so einem fantastischen Urlaub noch eine so lange Strecke durch Frankreich und Belgien zu fahren, selbst wenn auch zu Hause ein schönes Heim auf uns wartet – und natürlich unser Hauskater.

Wenn - wann nicht **jetzt** sollten sie sich entschließen, Irland zu erobern

Wir wünschen **viel Spaß** beim Buch und Reisen!

... zur Einstimmung

31. August 2008

Start schon um 06.00 Uhr in der Frühe, aber wir müssen los – der Weg zur Fähre ist weit. So ungefähr 920 Kilometer liegen vor uns. An Aachen geht es vorbei, wir durchqueren Belgien, dann erwarten uns die gepflegten Autobahnen in Frankreich. Es erwarten uns auch etliche Mautstellen, aber dafür haben wir nicht so volle Autobahnen wie zu Hause, und wir werden von keiner einzigen Baustelle aufgehalten. Mit 130 km/h vorschriftsmäßiger Geschwindigkeit liegen wir gut in unserer vorgesehenen Zeit.

Trotzdem haben wir nie ganz aus dem Kopf bekommen „Hoffentlich erreichen wir rechtzeitig unsere Fähre–bloß keine Sperrung, keine Panne!"

Alles geht wieder gut – wie immer bisher, danke! Bei der Anfahrt zum Fährhafen Cherbourgh sehen wir schon unser Schiff von der „Irish Ferry" liegen.

Zweimal sind wir bereits von dort aus mit der „Normandie" gereist – heute ist es die „Oscar Wilde", die uns nach Irland bringen wird.

Unsere Buchung ist wohl goldrichtig. Die Kabine ist groß, die Betten stehen nebeneinander, dieses Schiff ist komfortabler.

1. September 2008

Die Überfahrt dauert ca. 17 Stunden und verläuft ruhig – wir können Essen und es auch behalten. Nach sehr ruhigem Schlaf – die lange Anfahrt fordert wohl ihren Tribut - frühstücken wir, bevor wir in „Rosslare-Harbour" an Land fahren dürfen. Unsere Fähre entlässt uns in die ersten Kreisverkehre. Aber was soll`s – die kennen wir ja bereits gut: also ruhig Blut, aber konzentriert.

Unser Reiseziel mit unserer ersten Unterkunft heißt „Navan". Wir haben zwar eine längere Anfahrt gleich am ersten Tag in Kauf genommen, aber wir wollen möglichst schnell nordwärts kommen – unseren ersten Event-Zielen entgegen.

Die 170 Kilometer dort hin verlaufen glatt. Sonnenschein begleitet uns die erste Zeit, dann beginnt der Regen. Wir kommen an Dublin vorbei. Wir hatten uns überlegt, ob wir eine landschaftlich schönere Strecke wählen. Allerdings ziehen wir es vor, bei jetzt doch ziemlich starkem Regen auf der Bahn zu bleiben. Wir fahren auf der M 50, eine mehrspurige Stadtautobahn. Linksverkehr – macht nichts, ständige Abfahrten und Auffahrten, die hohe Konzentrationen verlangen – macht nichts.

Zu schaffen machen uns nur einige enge Baustellen und das bei nicht gerade guter Sicht.

Wir fahren nur eine kurze Strecke auf der M 50 um Dublin herum, aber wir sollten später zu Hause daran erinnert werden, dass wir „da" waren. Zwar wussten wir bei unseren Reise-Vorbereitungen, dass ein Teilstück der M 50 Maut-pflichtig ist, aber welches Teil-Stück? Außerdem wussten wir vorher ja auch nicht, ob wir diese Strecke überhaupt auch befahren werden. Ja – wir waren da, und das haben wir schriftlich. Nach einiger Zeit – wir waren schon Wochen wieder zu Hause - flatterte uns ein Brief ins Haus. Dort lag ein Foto von unserem Auto und mit uns anbei und die freundliche Empfehlung, doch bitte 3,- € zu überweisen – für die Straßenbenutzung.

Normalerweise hat man solche Post nicht gerne, aber wir mussten beide lachen. Jetzt wissen wir also, welches Teilstück Maut-pflichtig ist. Dem Brief anbei lag die Mitteilung über eine Konto-Nummer bei einer Bank in Deutschland. Das ist doch mal ein Service; somit wurde auch keine Auslands-Überweisung fällig.

Wir bezahlen auch ganz brav, denn wir wollen es uns auf keinen Fall mit Irland verscherzen.

Außerdem ist es eine weitere Urlaubs-Erinnerung an Irland und eine Mitteilung, die auch nicht wirklich weh tut.

Ein Navi hatten wir nicht dabei (lag zu Hause), aber Helga als sehr strapazierfähige und gute Beifahrerin und Kartenleserin dirigiert uns ohne weitere Vorkommnisse nach Navan.

Wir hatten dort unser B & B von zu Hause aus vorgebucht. Übrigens – bei unserem ersten Irland-Besuch 2003 waren wir noch „so" gefahren, da man uns gesagt hatte, dass es wirklich genug Unterkünfte gibt. Das ist eigentlich so richtig, aber wir haben es schon beim zweiten Besuch vorgezogen, vorab zu buchen. Man hat einfach mehr Zeit für unterwegs und die schönen Dinge, denn man hat ja sein Bett sicher. Kommt man spät in einen Ort, dann kann die Suche auch schon mal komplizierter werden; außerdem hat man dann „nach" dem abendlichen Pub auch wahrscheinlich einen längeren Heimweg.

Also - wir finden unser B & B. Das war in Prospekten angekündigt mit „Sicht auf Athlumney Castle". Wir haben für 4 Nächte gebucht, was eigentlich schon ein längerer Aufenthalt ist, denn unseren Erfahrungen nach sind die meisten Reisenden kürzer im B & B.

Wir denken, wenn wir 4 Nächte dort sind, dann bekommen wir auch eines der schönsten und größten Zimmer, wie wir es bisher auch immer so schön gewohnt waren.

Wie sagt man: „Irren ist menschlich!" Das Gefühl haben wir dann auch, als wir unser Zimmer beziehen. Unser Blick ist nach vorn zur Hauptstraße hin gerichtet, kein Castle in Sicht. Das Zimmer ist so klein, dass das Waschbecken mit im Zimmer ist. Der Weg in die City war auch länger, als vermutet werden konnte und nicht gerade ein Augenschmaus.

Am nächsten Tag stellen wir bei geöffneten Türen fest, dass es auch sehr viel schönere und größere Zimmer gibt, die gestern an „Tages"-Touristen vergeben wurden. Wir sind schon etwas sauer, aber dazu später! Schon am Abend haben wir beschlossen, unseren Aufenthalt „dort" stark abzukürzen!

Aber erst einmal steht ein Abendessen an, und wir landen bei einem „Italiener". Das Essen dort ist wirklich sehr gut - das Glas Wein dazu = 7,50 €. Im nächsten Pub trinken wir unser erstes Guinness in Irland. Die Fahrt im Regen hat „Augen-müde" gemacht, wir gehen früh schlafen.

2. September 2008

Etwas brummig gehen wir zum Frühstück, was normal in unseren Urlauben nicht vorkommt. Das Frühstück entschädigt uns für den nicht ganz so vorgestellten Empfang gestern. Es ist wirklich sehr gut, und auch an unseren Gastgebern selbst ist nicht zu mäkeln.

Gut gestärkt machen wir uns auf den Weg, um unser erstes angestrebtes Ziel anzufahren. Das Ziel ist „Newgrange". Das ist eine begehbare Grabanlage, die viel älter als die Pyramiden ist. Es ist kaum zu glauben, vor „so langer Zeit" hat sich jemand diese Anlage ausgedacht, und derjenige hat sich wirklich etwas dabei vorgestellt. Was er sich damals gedacht hatte, das gilt auch heute noch. Dieses Kunstwerk ist auch heute noch wasserdicht. Die Anlage hat einen Hügel-Umfang von ca. 90 Meter. Wahrscheinlich diente die Anlage kulturellen mystischen Dingen und wohl auch zur Bestattung von Personen, bzw. ihrer Asche.

Durch einen sehr engen (…da kommt wirklich nicht jeder durch!) und dunklen Gang erreicht man das Innere und dort eine Kammer, die noch von weiteren Kammern umgeben ist.

Und hier zeigt uns die Führerin unserer Gruppe das Geheimnis von „Newgrange". In der großen Kammer steht eine Schale. Und auch heute wie damals vor so unendlich langer Zeit fällt am Mittsommer-Tag beim Aufgang der Sonne durch ein Oberlicht am Eingang ein Sonnenstrahl – bis in die Kammer und direkt in die Schale hinein.

Unsere Führerin demonstriert dies dadurch, dass das eigentlich schon spärliche Licht gelöscht wird und am Eingang ein Lichtstrahl durch das Oberlicht geschickt wird, der durch den Gang und bis in die Schale dringt. Dort im Dunkel herrscht ein eigenartiges Gefühl, nicht unbedingt ein behagliches Gefühl. Leute mit Platzangst sollten hier auf keinen Fall hinein gehen!

„Newgrange" – Anlage

Eingang „Newgrange - Kammer"

Lichtstrahl - Oberlicht

Nach dieser tief aufrüttelnden Besichtigung und den kaum denkbaren Vorstellungen, dass dies alles schon vor so langer Zeit geplant wurde, brauchen wir Zeit, um wieder normal denken zu können. Übrigens: Wer den Mittsommer-Tag einmal an Ort und Stelle erleben möchte, der hat eine ungefähre Wartezeit von 10 Jahren; eventuell findet auch eine Verlosung statt.

Weiter geht es noch zu einer anderen Anlage, die aus mehreren Hügeln besteht: „Howth". Die grasbewachsenen Hügel gehörten früher zu einem Dorf und waren zum größten Teil Wohnhäuser.

Die Häuser besaßen auch teilweise verborgene Kellergeschosse - als Zuflucht, um sich vor Feinden und Angreifern zu schützen oder zu verstecken.

Auch diese Anlage ist noch ziemlich beeindruckend, wenn man sich vorstellt, in welcher Zeit die bewohnt und das Leben dort wohl ziemlich hart und gefährlich war.

Die Sache mit den Besichtigungen der beiden Anlagen ist sehr gut organisiert. Wir sind auf den Besucher-Parkplatz am Visiter-Centrum gefahren. Dort löst man die Karten für das, was man sehen will und erhält eine Plakette, worauf die Abfahrt-Zeit eines Minibusses steht. Mit so einem kleinen Bus wird man dann zu den vorbestimmten Anlagen gebracht. So ist sichergestellt, dass immer nur eine bestimmte Anzahl bei den „Stätten" ist und keine Völkerwanderung herrscht, was wir als sehr angenehm empfinden.

Mit vielen Empfindungen und Gefühlen fahren wir zu unserem B & B zurück.

Unser Abendessen genießen wir im „Newgrange Hotel" in Navan, was sehr gut ist – lohnt sich, noch einmal vorbei zu schauen.

Wir haben von anderen Gästen gehört, dass in einem Pub „Live-Musik" angesagt ist. Natürlich machen auch wir uns dorthin auf den Weg. Zwei junge Männer spielen Gitarre und Fidel – auch ihre Stimmen sind sehr gut. Kein Wunder also, dass im Pub eine tolle Stimmung herrscht.

So haben wir den Tag auch wieder gut abgeschlossen. Die Besichtigungen waren mehr als interessant, das Essen war prima und die Musik auch. Leise kommen wir ins B & B zurück. Kaum eingeschlafen, sind wir auch schon wieder hell wach. Einige Hausgäste – die Tagesgäste - kommen laut polternd und singend nach Hause. Es dauert eine ganze Weile, bis die wohl ihr Bett gefunden haben und wir wieder unseren Schlaf.

3. September 2008

Das Frühstück ist wieder gut, aber der Tag der kleinen Rache ist gekommen. Wir führen jetzt unsere „Absatz-Bewegung" aus. Unseren Vermietern erklären wir wohl völlig glaubhaft, dass wir ganz dringend „weiter" müssen – zu einem ganz bestimmten Treff am Flughafen Dublin mit anreisenden Freunden aus Deutschland, die uns dringend benötigte und von uns vergessene Sachen nachbringen.

Das wird sofort auch akzeptiert, finanzielle Nachteile gibt es nicht. Somit haben wir zwei freie Tage zur Verfügung. Eigentlich sind wir froh, denn vier Tage dort wären sowieso zu viel gewesen. So haben wir eine Zeitreserve. Unsere Richtung führt uns nach Athlone, eine etwas größere Stadt, wo wir sicher leicht unsere so geliebte keltische Life-Musik hören können. Aber nach einiger Zeit haben wir keine geeignete Unterkunft gefunden, die uns zusagt. Es ist dort zu hektisch; wir fahren weiter nach Birr.

Das hatten wir uns sowie schon zu Hause in einem Verzeichnis vom Irland-Tourismus-Magazin vorab angesehen und liegt auch deshalb günstig, weil wir uns dort in der nahen Umgebung einiges ansehen möchten.

Das ausgedachte B & B klang so romantisch, deshalb haben wir es noch so gut in Erinnerung. In Birr erfahren wir, dass das gesuchte Haus gar nicht in Birr liegt, sondern ein paar Kilometer außerhalb in Shannon-Harbour.

Na also – da haben wir es ja vor uns. Es ist ein kleines Haus, aber so romantisch, wie wir es uns auch vorgestellt haben. Das B & B war früher mal das Haus des Hafenmeisters und liegt natürlich an einem Fluss, einem still gelegten Flussarm mit vielen bunten Schiffen, auf denen auch gewohnt wird.

Das „Harbour Master House" ist zwar klein, unser Zimmer ebenso, aber es ist wirklich gemütlich. Der Weg am Fluss und den Hausbooten entlang lädt zu einem schönen Spaziergang ein. Haben wir es eigentlich schon erwähnt: „Seit dem Abend am 1. September regnet es nicht mehr!" Im Sonnenschein ist es ein sehr schöner Spaziergang. Und der Ort ist ganz anders als Athlone – hier ist eine traumhafte Ruhe zu Hause.

Der Ort besteht übrigens aus unserem „Harbour Master House" und etwa 5 weiteren Häusern, jedenfalls soweit wir das so bemerkt haben. Aber natürlich gibt es auch dort einen Pub, den wir später sicherlich noch besuchen werden.

Aber zunächst werden wir einen ganz anderen Pub kennen lernen, einen Pub, den - wie man uns sagte – jeder in Irland kennt und der auch schon oft im Fernsehen zu sehen war.

Wir fahren also die 4 Km mit einem Taxi zum nächsten Ort mit mehr als 6 Häusern – Banagher. Der Taxi-Fahrer sagt uns, wo wir heute Abend Live-Musik antreffen können – und er grinst so dabei. Zunächst empfiehlt er uns zum Essen jedoch erst einmal das „Flynn`s". Geld will er von uns noch nicht haben. Wir sollen ihn einfach anrufen, wenn wir zurück ins B & B wollen.

Die Empfehlung zum Essen war sehr gut. Dann gehen wir in den Extrem Pub „J.J.Houghes".

Ja – hallo, der „Laden" ist wirklich etwas merkwürdig, ganz anders, als die anderen Pub`s, die wir bisher kennen. Es gibt dort viele Sofas, sehr viele Vorhänge, für mich als Stauballergiker also der „ideale Ort". Einige für uns merkwürdige Leute treffen wir dort an, aber der 1. Blick kann ja auch täuschen. Wir gehen zwar nicht rückwärts, aber dennoch erst einmal wieder hinaus. Nun wissen wir, warum der Taxifahrer so gegrinst hat.

Nachdem unsere Gesichter nicht mehr von den vorherigen Eindrücken entgleisen, gehen wir erneut in den Pub. Schließlich muss man den Leuten hinter dem Tresen auch die Chance geben, ein gutes Guinness zu zapfen. Außerdem wollen wir ja auch Live-Musik hören.

Zunächst bleiben wir erst mal am Tresen – weit weg von den Plüsch-Sofas und den Vorhängen. Das Guinness schmeckt jedoch immer gleich gut.

Der Wirt ist unserer „Ansicht" nach ein richtiger Kauz, aber er versteht sein Geschäft, wie dies die Presse-Mitteilungen auch mehrfach bestätigen. Wir unterhalten uns mit ihm, und dieses Gespräch ist von Anfang an gleich sehr lustig. Wir erzählen auf Nachfrage von uns, woher wir kommen, wie lange wir schon da sind und wo wir wohnen – und dass wir ihn aus einem TV-Bericht kennen.

Dann stoßen wir erst einmal mit einem leckeren frischen Pint of Guinness an. Na also – geht doch, alles ist bestens in Ordnung.

Dann geht es los – mit der Musik. Die Frau des Hauses erscheint mit einem riesigen Dutt auf dem Kopf und setzt sich ans Klavier. Die wohl Tochter des Hauses schnallt sich ein Akkordeon um. Die Akkordeon-Spielerin hörte sich ganz normal an, sie spielt gut. Die Klavierfrau bearbeitet ihr Instrument – jedenfalls für unser Gehör – wie mit einem Hammer. Pausen macht sie nicht, sie spielt ohne Unterbrechung, vielleicht ist es ja auch so gewollt? Während dieses Tagebuch entsteht, wissen wir gar nicht mehr so genau, ob sie auch gesungen hat. Aber wie könnte man das nur vergessen, wenn es so gewesen wäre.

Nun hat aber J. J. seinen Auftritt. Er schnappt sich ein Mikrofon und singt sich in die Herzen der Zuhörer. J. J. hat sein Publikum im Griff. Der Pub wiegt sich während seiner Lieder, als tritt ein internationaler Popstar auf. Er ist eben der Lokalmatador und – wie gesagt – auch weit über Banagher hinaus bekannt.

Sein Mikro scheint J. J. nicht los lassen zu wollen, denn nach geraumer Zeit gibt er noch eine weitere Zugabe –ein geiler und lustiger Abend insgesamt.

Meine Staubnase geht aber langsam zu, und unsere austauschenden Blicke sagen, dass wir uns langsam auf den Heimweg begeben sollten. Ich gehe kurz vor die Tür und funke unseren Taxifahrer an. Der hat gerade noch eine Fahrt, sagt uns aber verbindlich, dass er in 20 Minuten da ist. Er empfiehlt uns fröhlich, doch noch ein weiteres Guinness zu versuchen. Hat er etwas eine Getränke-Beteiligung im Pub? Aber der Versuchung bei einem Guinness können wir sowieso nicht widerstehen, und so gibt es ein last Pint für uns.

Pünktlich – wie versprochen – holt uns unser Taxi ab. Wir bekommen sogar noch eine kleine Nachtrundfahrt zum nahen Hafen. Der Fahrer meint: „Wenn ihr einmal hier seid - den Hafen müsst ihr gesehen haben. Da ist noch viel los Und bei Nacht sieht er mit seinen vielen Lichtern und den angedockten Jachten wirklich malerisch aus!" Er hat recht! Übrigens, er hatte uns vorher fairerweise vor seinem Vorschlag gesagt, dass diese kleine Zusatzrunde uns nichts kostet. Er war einfach sehr stolz auf seinen Ort mit seinem bekannten Hafen, der immer ausgebucht ist, also ist er wohl sehr beliebt.

Der Preis für die Hin- und Rückfahrt zum Pub ist wirklich gemäßigt, sehr fair, einfach preiswert.

Es ist eigentlich zu schade, um schlafen zu gehen. Die Nacht ist mild, und es bietet sich an, in unserer friedlichen, gemütlichen Oase noch eine Zeit lang draußen in unserem dortigen eigenen Hafen mit seinen bunten Kähnen zu verbringen. Wir lassen den Abend noch einmal Revue passieren. Es war wirklich interessant bei J. J., und wir sind froh, dass wir das erlebt haben.

Wir freuen uns aber jetzt auch schon auf morgen, denn dann haben wir ein Programm vor uns, das den ganzen Tag lang viel frische staubfreie Luft verspricht. Die Wetterprognose ist auch für morgen wieder sehr gut. Gute Nacht!

4. September 2008

Mit Sonnenschein wachen wir auf, drehen eine kleine Runde bei den Schiffen und gehen dann zum Frühstück. Das „Harbour Master House" ist sehr klein, aber da das auch wohl alle Zimmer sind, überrascht es uns dann auf den zweiten Blick nicht mehr, dass doch mehr Gäste im Haus untergekommen sind, als angenommen.

Nach dem guten Frühstück haben und hatten wir uns auch schon vorher ein Ziel ausgesucht. Auch deshalb waren wir hier in der Nähe, um nicht allzu weit fahren zu müssen.

Wir fahren zur Kloster-Anlage „Clonmacnoise". Das ist eine sehr beeindruckende Anlage aus dem 9. Jahrhundert, mit zum Teil noch gut erhaltenen Gebäuderesten und einem voll erhaltenen Rundturm. Auf diesen zogen sich über Jahrhunderte hinweg die Mönche zurück, wenn Wikinger und Co. sie wieder einmal überfallen haben.

„Clonmacnoise" liegt direkt am Shannon-River, was einen besonderen Reiz ausmacht – eine traumhafte Landschaft, ein besonderes Flair. Der Shannon ist der längste Fluss Irlands.

Neben dem alten Friedhof gibt es auch einen neuen Teil. Der polnische Papst hat hier schon einmal gepredigt, die dazu gebaute überdachte Kapelle ist noch vorhanden.

Es ist wieder ein schöner und sonniger Tag. Wir bleiben allein über 4 Stunden auf dieser Anlage, weil wir uns nicht satt sehen können und uns die Stimmung hier einfach nicht los lässt.

Aber dann reißen wir uns los und fahren zu unserem zweiten Ziel, das wir uns für heute vorgenommen haben. Wir fahren zum „Blackwater-Bog". Dieses Moor-Torf-Gebiet liegt sozusagen auf dem Nachhauseweg zu unserem B & B. Wir steigen in die Torf-Eisenbahn ein und fahren mitten ins Torf-Abbaugebiet. Es ist eine sehr rappelige Angelegenheit, denn die Schienen werden hier fast lose immer nur dorthin verlegt, wo gerade der Torf abgebaut wird, also ist alles immer ein bisschen provisorisch.

Es ist schon eine etwas abenteuerliche Fahrt, die dann mitten im Moor stoppt. Dort wird uns aktiv gezeigt, wie man Torf sticht, wie er getrocknet wird und was daraus wird. Ich darf auch einige Stechungen mit dem Spezial-Spaten ausführen. Wenn man das länger macht, dürfte das eine Kräfte-zehrende Angelegenheit sein, denn der noch nasse Torf, der es ja erst einmal werden will, ist ziemlich schwer und will mit einem schmatzenden und saugenden Geräusch aus den Gruben gehoben werden.

Der Torf aus diesem Gebiet wird direkt in eine Verbrennungs-Anlage ganz in der Nähe gefahren. Hier wird 4 % Strom für Irland erzeugt.

Wir überstehen auch die Rückfahrt mit der Torf-Eisenbahn, sind nicht im Moor versunken und unsere Knochen sind nicht auseinander gefallen.

Zur Belohnung gibt es im Anschluss noch Kaffee und Kuchen in der Cafeteria im „Bahnhof-Blackwater-Bog". Dann fahren wir nach Shannon-Harbour zurück, aber nur für einen kurzen Aufenthalt - in unser B & B. Denn sofort geht es weiter – wieder zu „Flynn`s". Diesmal gibt es „Fish & Ships" für Wolfgang und „Curry-Chicken" für Helga. Beides ist wirklich sehr gut. In den 4 Wochen der Reise habe ich die Fish & Ships dreimal probiert, immer gut, doch hier waren es die besten!

Ein Taxi brauchen wir heute nicht, denn wir sind nur zum Essen nach Banagher gefahren. Wieder zurück am Harbour-Master-House" gehen wir die paar Schritte in den Pub des Ortes. Einige Einheimische trifft man in jedem Pub an. Hier sind auch noch einige Gäste unseres Hauses, alles Angler, wie sich heraus stellt.

Am „Guinness-Kran" steht die Mutter des Ortes, zapft aber selbstverständlich auch hier gute Pints of Guinness, wie wir es überall in Irland (und später auch in Schottland) gewohnt sind. Es ist ein sehr freundlicher Abschieds-Abend hier in Shannon-Harbour.

5. September 2008

Seit unserer Regen-Ankunft in Irland regnet es heute Morgen erstmals wieder, aber nur kurz. Wir sind auf dem Weg nach Galway. Dort kommen wir gegen 14 Uhr im „Tara House" an und werden freundlichst von Anna und Michael begrüßt. Die beiden kennen uns schon, da wir dort schon vor zwei Jahren waren, und die beiden können sich noch gut an unser Auto mit den zwei Fahnen auf dem Dach erinnern – eine Irische und eine Deutsche, was uns immer gute Laune einbrachte, da man uns sagte, dass dies sehr diplomatisch ist.

Abendessen gibt es heute in der „Spanish Arche". Auch dort waren wir schon, aber jetzt wird im Restaurant oben leider nicht mehr bedient. Wir bleiben also im Erdgeschoss, die Karte hat stark abgenommen, das Essen ist aber immer noch gut. Wir waren mit dem Bus nach Galway hinein gefahren, 10 Minuten Fahrt für je 1,40 €, und so geht es auch zum „Tara House" zurück.

Schließlich haben wir noch etwas vor, was man beim Besuch von Galway auf keinen Fall auslassen sollte. Nur 5 Minuten von unserem Haus liegt der 100-Jahre alte „O`-Conners-Famous-Pub", den wir schon sehr gut kennen.

Leider wird hier heute Abend keine „traditionelle" Musik gespielt, eher eine amerikanische Art, da viele Amerikaner dort sind. Schade, denn wir lieben nun mal die Tradition dort in der Musik.

Da es in den letzten Tagen spät geworden war, gehen wir heute „schon" vor Mitternacht ins Bett.

6. September 2008

Es ist immer noch trocken (muss erwähnt werden, da es oft heißt, dass es in Irland immer regnet), aber es geht ein rauer Wind daher – wir sind eben direkt an der Atlantik-Küste.

Wir fahren noch einmal mit dem Bus in die City von Galway. Dort herrscht richtig das volle Leben. Straßenmusikanten und viel Volk bevölkern die Einkauf-Straßen. Wir Shoppen, Bummeln und Genießen. Bei Sonnenschein gönnen wir uns in einem Straßen-Cafe in der Flaniermeile erst mal Kaffee und Scones.

Der Wind hat sich gelegt, und wir verbringen den Nachmittag am Strand unseres Stadtteiles „Salt Hill", wo auch unser „Tara House" liegt. Abendessen gibt es in „Nolan's Hotel". Das Essen ist auch hier gut – z. B. Schweinebraten in Guinness.

Der Unterhaltungspegel ringsherum ist allerdings für ein Restaurant zumindest für uns etwas gewöhnungs-bedürftig. Hier essen heute viele Familien mit Kindern. Es ist Samstag – Familientag eben in Galway.

Danach geht`s noch einmal in den „O`Conners Famous Pub". Eigentlich hat man uns gesagt, dass heute Abend hier die Band spielen soll, die uns zwei Jahre zuvor so riesig gefallen hat. Leider wird das heute nichts, denn einige sind krank, der Bassist „Mr. Double-Bass" – weil er beide Seiten bearbeitete – hat sogar eine OP hinter sich.

Auch heute sind wieder viele Amerikaner hier, und somit wird auch heute für diese Truppe Musik-mäßig abgestimmt gespielt. Kurz nach Mitternacht gehen wir und sind nach ein paar Minuten Fußweg zu Hause im „Tara House".

7. September 2008

Mit sonnig gelauntem Wetter verlassen wir Anna und Michael Doherty und das „Tara House". Wir wollen nach Clifden und nehmen dazu die sehr schöne Küstenstraße nach Westen, die dann zu unserem Ziel später nach Norden abzweigt. Die Landschaft ist einfach immer wieder wunderschön. Wir genießen die jedes Mal, wenn wir hier in der Gegend sind, und Galway und Clifden gehören immer dazu.

Gegen Mittag erreichen wir nach vielen Zwischen-Stopps „Ballynahinch Castle" kurz vor Clifden. Hier muss man nicht unbedingt feudal essen, eine „Soup of the day" tut es auch, und die kann man ohne Reue überall essen – ob im Pub oder im Schloss. Das Schloss ist gleichzeitig ein Hotel und hat einen wunderschönen Garten, der an einem Lachsfluss liegt. Hier unternehmen wir noch einen sehr schönen Spaziergang.

Dann erreichen wir unser Lieblingshaus in Clifden. Wir sehen, dass das „Sea Mist House" auch in diesem Jahr wieder mit einem Symbol an der Hauswand als eines der besten 100 B & B in Irland ausgezeichnet wurde. Sheila erwartet uns schon vor dem Haus, wenn auch zufällig.

Wir bekommen wieder eines der schnuckeligen Zimmer. Es ist einfach ein tolles Haus. Wir fühlen uns sofort wieder heimisch.

Das Gepäck abgestellt und anschließend erst mal eine Runde durch den kleinen Ort gedreht. Und natürlich führt uns der Weg auch zu einem tollen Geschäft – dem „Celtic Shop". Dort haben wir schon so viele schöne Sachen gefunden, für uns und unsere Lieben daheim. Das Schaufenster ist wieder toll dekoriert, und wer sitzt mitten darin – ein Schaf mit Pullover.

Wir sehen uns an und rufen gleichzeitig aus: „Das muss Bunglass sein. Bunglass hat hier auf uns gewartet!"

Nun – wer ist Bunglass? Gut, es ist ein Schaf, ein Schaf mit einem irischem Pullover. Aber unser Schaf hier im Schaufenster hat auch eine sehr schöne und wahre Vorgeschichte:

Wolfgang hat inzwischen sein 19. Buch veröffentlicht. Angefangen hat alles damals vor vielen Jahren mit Schafen. Die erste Geschichte handelt von einem Schaf Bunglass, das aus der Gegend der „Cliffs of Bunglass" stammt. Dieses Schaf hat damals eine Reise nach Deutschland gemacht, die deutsche Sprache beherrscht und den Gang auf zwei Beinen, sowie ein Praktikum bei einer großen Behörde in Münster am (jetzt) Schlossplatz absolviert.

Später bekam er einen guten Freund - das schottische Schaf „McGregor", und die beiden erlebten viele abenteuerliche Geschichten.

Ein Schaf war damals vor der ersten Veröffentlichung noch nicht im Haushalt von uns. Deshalb passt „Bunglass" im Schaufenster einfach zu 100 % und muss natürlich mit nach Hause. Bunglass ist jetzt also auch als Figur vorhanden.

Bunglass und McGregor sind seitdem unzertrennlich und natürlich bei jeder unserer Reisen mit dabei. Wie Bunglass und wir McGregor kennen lernten, das folgt hier noch später in diesem Tagebuch.

Abendessen gibt es später im „Derryclare Restaurant", für uns auch immer Pflicht, denn hier hat es uns immer prima geschmeckt.

Und natürlich bekommen wir auch noch „unsere" Musik zu hören. In „Mannion`s Bar" wird traditionell gespielt, mit Gesang, Gitarre, Akkordeon und zwei Geigen.

Um 1.30 h sind wir wieder bei Sheila – wieder einmal ein Super-Tag!

8. September 2008

Das Frühstück hier im „Sea Mist House" bei Sheila ist immer noch allererste Sahne.

Reichlich gestärkt besichtigen wir die „Connemara Heritage DAN O`HARA" nahe bei Clifden.

Dort steht noch ein altes Rundhaus, geschützt vom Wassergraben auf einer Insel. Ein uraltes Wohnhaus aus dem 18. Jahrhundert hat seine eigene Geschichte. O`Hara hatte mit Frau und vielen Kindern dort gewohnt – dann wurde er vertrieben, wie viele andere Pächter auch. Er hatte Glasfenster eingebaut. Daraufhin hat ihm der Eigentümer die Pacht „verdoppelt". Heute nennt man das wohl Luxus-Sanierung! Die erhöhte Pacht konnte O`Hara nicht mehr bezahlen. Mit Hilfe der Staatsmacht wurde er samt Familie aus dem Haus geholt und vertrieben.

Und weiter geht`s – wir fahren wieder nach Roundstone, wo wir auch vor zwei Jahren waren. Die Fahrt durch die wunderbare Landschaft endet dort erst bei der „Silver Gallery von Roundstone". Auch dort hatten wir vor zwei Jahren schon Bekanntschaft mit den sehr schönen Schmuck-Arbeiten der Besitzerin gemacht. Alles wird selbst hergestellt, und es ist dort kein Massenverkauf.

Die viele frische Luft macht hungrig, und wir ziehen unser Abendessen etwas vor. Das gibt es heute bei „Fogertys". Für Helga gibt es Lachs und für mich mal wieder Fish & Ships.

Danach ist es wieder Zeit für die Musik. Die dürfen wir auch heute wieder live erleben. In „Lowry`s Pub" sind wir unter Einheimischen, zumindest können wir keine Touristen erkennen. Das will aber eigentlich nichts heißen, denn auch wir gehen bei vielen als Amerikaner oder Kanadier durch – so schlecht kann unsere Aussprache dann ja wohl nicht sein.

Von einer Männergruppe an einem der Tische gibt es auf einmal ein Solo-Stimmen-Konzert, wie wir es von denen niemals vermutet hätten. Aber die Stimmen können sich sehen lassen, und so lernen wir wieder mal ein typisches Irisches Pub kennen, in dem live eine tolle Stimmung herrscht, die sich von Lied zu Lied noch steigert. Ein guter Grund von uns, die Pubs danach auszusuchen, die nicht an Touristen-Meilen liegen. Wir sind oft die einzigen Fremden – haben wir so im Gefühl.

Gitarre und Akkordeon heizen die Stimmung weiter auf. Dann gibt es eine erneute Überraschung für uns. Der Wirt führt höchst persönlich den „Schwerter-Tanz" auf.

Wir haben das bei offiziellen Vorführungen von netten jungen Damen schon mehrfach gesehen. Da werden Schwerter über Kreuz gelegt und darüber hinweg getanzt. Die Schwerter dürfen dabei nicht berührt werden.

Unter lautem Beifall des ganzen Pubs erledigt der Wirt diese Vorführung mit Besenstielen, die er auf den Boden legt. Er schaffte den Tanz ohne Berührung. Die lautstarke Belohnung von allen im Pub nahm er mit Genugtuung hin, und danach brauchten alle erst mal wieder eine Runde Guinness.

In der Fortsetzung der Männer-Solos und des Wirt-Tanzes wurden viele weitere Lieder gesunden, wobei auch wir uns beteiligen konnten, denn einige Songs waren auch uns bekannt.

Um 1.oo Uhr zogen wir sehr gut gelaunt heim zu Sheila – aber leise.

9. September 2008

Nach dem wieder reichhaltigen Super-Frühstück – das wir hier unbedingt noch einmal „bildlich" zeigen möchten - lassen wir uns viel Zeit und bummeln noch einmal durch Clifden.

Dann fallen Regentropfen, und wir nutzen diesen Schauer, um endlich einmal wieder Mittagschlaf zu machen. Die Nächte fordern wohl ihren Tribut.

Da klopft es an unserer Tür! Crissi, eine der netten Angestellten von Sheila steht dort und sagt: „Draußen stehen Leute vor der Tür. Die sagen, dass sie euch kennen!"

Wir springen aus dem Bett und wissen sofort „Das können nur Nicy und Wolfgang sein." Unsere Freunde aus Weingarten haben uns also gefunden. Wir hatten uns schon vor 2 Jahren hier in Irland kennen gelernt. Sie fahren jedes Jahr nach Irland, sind eben auch echte Fans. Jetzt haben sie unseren Reiseplan mit, der besagt, dass wir im Augenblick in Clifden sind.

Sie hatten unser Auto vor dem Haus erkannt. Ein Treffpunkt hier in Clifden war nicht ausgemacht – eigentlich überhaupt keiner. Wir hatten nur die Reisepläne ausgetauscht und wollten uns auf jeden Fall „irgendwo" in Irland treffen. Das hat ja dann wohl auch gut geklappt!

Nicy und Wolfgang haben ihren Freund Klaus dabei und wollen zuerst ein B& B suchen. Wir verabreden uns für den Abend im Pub.

Bei unserem letzten Bummel hier in Clifden fällt für Helga noch etwas ab. Sie hat bereits aus Irland einen Ring mit dem „Irish Love Knoth". Jetzt sehen wir in einem Schaufenster bei einem Juwelier, dass es diesen Ring dort auch in Gold gibt. Der vorhandene Ring ist etwas klein und muss ein wenig erweitert werden. Der Juwelier wird das erledigen, und wir können den Ring dann am nächsten Tag abholen.

Abendessen gibt es heute bei „Marconi". Auf den Tisch kommen Seabass and Lamb (Lammfleisch als Turm gestaltet) – mehr als köstlich.

Bei „Lowry" treffen wir uns danach mit Nicy, Klaus und Wolfgang. Dort gibt es wieder live Akkordeon, Gitarre und Gesang. Auch sind einige Herren als Tänzer auf der Suche nach Beute. Helga kann entkommen, aber Nicy absolviert einen Tanz mit einem eifrigen Iren. Müssen wir erwähnen, w i e die Stimmung auch heute Abend hier wieder ist?

Und müssen wir wirklich erwähnen, dass es auch heute wieder spät wird? Wir verabschieden uns voneinander, werden uns aber morgen in Westport wieder treffen

10. September 2008

Es heißt heute nach dem Frühstück – Aufbruch. Wir verlassen Clifden, und Sheila verabschiedet uns persönlich.

Die schöne Landschaft entschädigt vom Abschied.

Die Farben der Landschaft wechseln ständig. Überall ist die Einladung zum Anhalten. Wie viele Kamera-Chips wurden wohl in Connemara gefüllt?

Wir erreichen Westport – eine etwas größere Stadt, die voller Leben ist. Hier sind wir bei Una im „Hill Crest", so wie vor zwei Jahren - nur 5 Fuß-Minuten bis zur City-Innenstadt.

Dort hin unternehmen wir auch gleich einen Stadtbummel, aber ganz gemütlich. Alles sieht noch vertraut aus. Schön - wieder hier zu sein.

Abendessen gibt es heute mal bei einem Italiener dem „Rio de Sol". Es ist so gut wie vor 2 Jahren.

Danach geht es in „John`s Bar". Wir hören dort Super-Musik von **6** Leuten! Ein Super-Abend - es wird spät!

11. September 2008

Heute fahren wir zum „Old Head". Und unterwegs besuchen wir noch die „Murrisk-Abbey" bei Louisbourgh. Beim Old Head gibt es einen schönen Strand, wo auch unser mit genommene Regie-Stuhl wieder zum Einsatz kommt – übrigens sehr oft zum Einsatz kommt. Kein Wunder, wo es doch an jeder Ecke so schön ist, dass man kaum voran kommt – einfach anhalten muss.

Am Strand übt gerade eine Schulklasse in Neopren-Anzügen und taucht ab. Es ist schön dort, wird aber langsam Abend und wir fahren zum Abendessen ins „Mango`s" nach Westport.

Danach treffen wir uns mit unseren Freunden aus Clifden vor dem berühmten Pub „Matt Molloy`s".

Dort sind aber immer sehr viele Touristen, weil der Pub in den Reiseführern fast immer erwähnt wird.

So viel Rummel ist nichts für uns, und wir marschieren weiter ins „Porter House". Mehr als ein Pint ist nicht drin, w e i l : Die Kühlung ist ausgefallen, und warmes Guinness ….!!! Nein !!!

Trotz dortiger Musik wechseln wir und landen wieder in „John`s Bar". Es wird spät!

12. September 2008

Mit Nicy, Wolfgang und Klaus tauschen wir noch ein paar Bilder aus. Dann trennen wir uns erneut. Wir werden uns in Donegal wieder treffen.

Die Sonne scheint, und wir genießen wieder traumhafte Landschaften. Am bekannten Gebirgszug Benbulben" kommen wir vorbei. Wir besichtigen das Grab von „Yeat`s" und kehren kurz zu Cappuccini und Scones in das kleine Restaurant nebenan ein.

Bei Drumcliff biegen wir zum „Glencar Lake" ab. Dort ist es wunderschön ruhig und wunderschön sowieso. Für irische Verhältnisse gibt es hier sogar einen Wasserfall.

Und weiter geht es Richtung Norden. Wir biegen zur Küste ab und sehen ein sehr großes Schloss mit viel Land drum herum. Wer mag wohl dort wohnen? Auf den Pferdekoppeln grasen rassige Pferde.

Wir kommen so direkt an die Cliffs der Atlantik-Westküste heran.

Die Ausblicke sind super. Immer wieder sind es die fantastischen Eindrücke, die uns stoppen lassen. Mal sind es die faszinierenden Fels-Übergänge in den Atlantik, mal sind es die Wellen, die halsbrecherisch heran rauschen.

Man kann sich kaum trennen, so schön ist es hier küstennah an jeder Ecke. Aber dann kommen wir doch irgendwann in Donegal an.

Was soll`s – unser Zimmer ist gebucht und wartet schließlich auf uns. Wir sind die nächsten drei Nächte im „Island-View-House". Es ist ein sehr schönes „Georgian-House", hat große Zimmer, und wir genießen den Ausblick laut Prospekt. Bis auf die geschilderte Erst-Übernachtung hat sich zum Glück immer das erfüllt, was wir uns als schöne Unterkunft vorgestellt haben.

Abendessen genießen wir im „Harbour-Fish-Restaurant" – wirklich mit köstlichem Genuss. Auf dem Heimweg ins B & B (nur 1000 Meter) laden die Abendstimmungen ebenfalls noch zum Genießen ein.

Was war das wieder ein wundervoller Tag. Und wieder einmal lassen uns die vielen schönen Eindrücke und die viele frische Luft schnell in den Schlaf sinken.

Morgen will uns unser „Schaf Bunglass" seine Heimat zeigen.   Das ist der kleine Ort an der Westatlantik Küste - „Glencolumbkille".

Aber wir kennen den Ort bereits, denn den habe ich mir ja schon für meine allererste Schaf-Geschichte ausgewählt.   Mit Bunglass zusammen dorthin zu fahren, das bringt sicher wieder viele neue Ideen für Fortsetzungen der Schaf-Romane. Bunglass möchte am liebsten auf der Stelle los.

13. September 2008

Sonnenschein empfängt uns – genau wie ein wieder sehr leckeres Frühstück.

Und danach fahren wir auch – wie geplant – nach Glencolumbkille. Der Weg nach dort führt uns über die schmale „Coast-Road", immer am Meer entlang – eine tolle Strecke. Nur Gegenverkehr hätten wir hier nicht gerne, da es eine typisch sehr schmale Single-Road ist. Ausweichplätze, sogenannte Passing Places, gibt es hier kaum. Aber selbst schuld, warum müssen wir auch immer die schmalsten Wege aussuchen – vielleicht weil es auch ein bisschen kitzelt und die Landschafen abseits der großen Straßen auch am schönsten sind. Und dann sind wir da.

Die ersten Kollegen von Bunglass empfangen uns mit lautem Freuden-Geschrei.

Und dann gibt es noch eine Überraschung, denn unsere Freunde hatten auch wieder die Idee, Glencolumbkille noch einmal zu besuchen – genau wie zwei Jahre zuvor, wo wir uns auch wirklich zufällig ohne Absprache dort trafen.

Bunglass und seine Menschen am Strand von Glencolumbkille

Nach einem schönen Bummel am Strand und durch die Dünen trennen wir uns und werden uns heute Abend im Pub „Scotsman" wieder treffen. Auf dem Weg zurück nach Donegal – so heißt übrigens auch die dortige Grafschaft – treffen wir an einem Aussichtspunkt noch ein nettes irisches Ehepaar. Wir haben eine nette Unterhaltung, vor allem auch, als sie den Grund für unseren Besuch in Glencolumbkille erfahren.

„Ob es denn auch ein Schaf-Buch in Englisch geben wird?", fragen sie. Dass dies später Wirklichkeit werden wird, wusste ich in diesem Augenblick echt nicht.

Auf unserer weiteren Heimfahrt kommen wir noch an einem Cafe vorbei. Es ist von den Farben her allein schon so interessant, dass wir stoppen. Das Cafe liegt links in einer Kurve direkt hinter dem „View-Point", wenn man von Donegal aus nach Glencolumbkille fährt. Die bunte Farbfassade ist einfach nicht zu übersehen. Es stellt sich heraus, dass dies sogar ein richtiges und großes Restaurant ist, das leider erst viel später öffnet. Wir bekommen aber freundlicher weise einen Kaffee serviert (obwohl noch zu ist!).

Das Abendessen gibt es wieder im „Abbey-Hotel" – wieder Spitze, auch die sehr nette Bedienung.

Um 20.30 h ist unser Treffpunkt beim „Scotsman". Traditionelle Live-Musik ist angesagt. Wieder geht ein toller Tag zu Ende.

Auf dem Rückweg marschieren wir wieder wie damals über den uralten Friedhof nach Hause - mit „Musik von Colonel Hatty" (s. Irland-Buch 1).

Müde, aber glücklich liegen wir um 2.oo h im Bett.

15. September 2008

Los geht es Richtung Norden. Unser Ziel ist heute Letterkenny. Dort suchen und finden wir das „White Park House". Wo ist ein Park? Als wir vor dem B & B stehen, haben wir fast eine Krise. Wir stehen an einer viel befahrenen Straße, neben dem Haus ist eine Tankstelle, links daneben ein größeres Gebäude, und im Obergeschoss sehen die Zimmerfenster klein aus wie Taubenschläge.

Wir werden sehr freundlich empfangen. Das Haus entpuppt sich als Juwel. Hinten hinaus bekommen wir ein sehr ruhiges Zimmer. Aufenthaltsraum und Frühstücksraum mit oder in einem Wintergarten sind super. Von der Straße ist nichts zu merken. Na – geht doch! (Room 3)

Gegen 14.oo Uhr fahren wir zum „Fanad Head". Das ist ganz oben in Irland und eine Anlage mit malerischem Leuchtturm. Der Wind pfeift uns um die Ohren, aber es ist einfach eine tolle Gegend.

Am Abend bestellen wir an der Tankstelle ein Taxi und fahren zum „Lemon Tree", ein gepflegtes Restaurant und klasse Essen. Auf den Tellern liegen auch hier wieder wahre Kunstwerke.

Heute sind wir mal brav und gehen früh schlafen.

----

16. September 2008

Wir besuchen den „Glenveagh National-Park". Das Besucherzentrum liegt an einem See, und ein Shuttle-Bus bringt uns zum Schloss.

Es gibt dort ein Cafe. Das Schloss wurde 1857 erbaut. 1961 verjagte dann ein Adair rund 244 Pächter mitsamt Familien vom Grund und Boden.

Vorbei geht es am „Derryvaegh-Gebirge" in traumhafter Landschaft, bis 750 Meter hoch.

Ob Inland, Berge, Meer oder die Inseln –
es ist einfach überall wunderschön.

Ungefähr 5 Kilometer nach Letterkenny haben wir uns auf der Hinfahrt gen Norden ein Restaurant ausgesucht. Dort gibt es für uns heute unser Abendessen.

An der Tankstelle neben unserem Haus bestelle ich uns wieder ein Taxi. Ich wollte gerade sagen – auf welchen Namen, da sagt doch die nette Frau an der Kasse: „Ich weiß – Pi I Ei En (Pein)." Da war ich platt – hat doch die Dame glatt meinen Namen von gestern behalten.

In „Blake`s Bar" unterhalten wir uns angeregt mit einigen Thekengästen. Auch die wollten (fast) alles über unsere Schafe mit den Geschichten wissen.

Um 23.30 h fährt uns ein Taxi zurück ins B & B. Diesmal ist der Fahrer aus Ghana, auf der Hinfahrt war es ein Südafrikaner. Beide sind sehr nett und wollen wissen, wo wir her kommen und wohin die Reise noch gehen wird. Die Fahrt ist ja nur kurz, das Gespräch dagegen umso angeregter. Wieder mal eine sehr nette Begegnung mit den „Einheimischen" !

17. September 2008

Wir fahren nordwärts am „Loch Swilli" entlang und eine sehr schöne Küstenstraße. Es gibt sogar einen richtigen Pass zum „Beach von Knockalla". Dort genießen wir lange Zeit den Sonnenschein, und es gibt Baguette und irischen Käse zusammen mit unserem Schaf Bunglass.

Auf der Rückfahrt nach Letterkenny gibt es an einem Fjord-Arm bei Rathmullen ein wunderschön gelegenes Restaurant – Halt ist Pflicht.

Frisch gestylt gibt es heute Abendessen in der „Brewerie". Das ist eine alte Brauerei mit mehreren Etagen. In der 1. Etage genießen wir ein leckeres Essen mit superschönen Vorspeisen, z.B. „Tiger Prawns " für Helga.

Im Erdgeschoss erleben wir danach wieder Live-Musik, gespielt traditionell von jungen Leuten. Sie probieren noch ein wenig, aber es klingt schon sehr schön. Ein herausragender Solist ist allerdings schon super drauf – auf einem Akkordeon.

Um 11.30 h bringt uns ein Taxi heim. Es ist unser letzter Abend in der „Republik Irland".

18. September 2008

Beim Frühstück gibt es eine Überraschung, denn wir sind ganz allein –keine anderen Gäste. Unsere Gastgeber erzählen uns, dass es in der Familie einen Trauerfall gibt. Deshalb hat man keine neuen Gäste für heute angenommen. Heute ist die Beerdigung. Wir sollen aber ganz in Ruhe unser liebevolles Frühstück genießen. Wenn wir aufbrechen – dann einfach die Tür hinter uns schließen. Ist doch irgendwie ein schöner Vertrauensbeweis, uns als Fremde so ganz allein im Haus zu lassen, wo doch alles offen ist und alle Räume – außer wenigen – betreten werden können.

Heute geht`s auf nach Nord-Irland. Wir fahren an Derry vorbei und besuchen noch den „Mussendem-Temple" und den „Downhill Belvedere" (...den ziemlich großen Sommersitz einer Bischofstochter). Auf der Fahrt nach unserem Ziel Ballycastle genießen wir die tolle Landschaft, die traumhafte Küstenstraße im Norden und besuchen „Dunluce Castle", bzw. die Reste davon. Bei einer Feier damals war der Küchentrakt des Schlosses mitsamt 14 Bediensteten ins Meer abgestürzt. Hoffentlich war das Essen schon serviert worden.

Unser nächstes Haus heißt „Colliers Hall" und ist ein ruhig gelegenes Farmhaus, ca. 1,7 km von der „City" in Ballycastle entfernt – sehr idyllisch.

Im 1. Stock gibt es in Ballycastle in der „Central Bar" unser Abendessen – ein Traum! Die Vorspeise – „Caesar Salat" ist schon klasse. Helga genießt ihr Schweinefilet auf Rotkohl-Kartoffelpü-Bett.

Unsere Abendmusik gibt es live im Pub „O` Conners Bar". Es ist voll – 5 alte Herren spielen. Aber was machen die für eine Musik !!! Zum Einsatz kommen Geige, 2 x Banjo, Akkordeon und Bodhran. Die tolle Stimmung ist fast unbeschreiblich. Es ist manchmal seltsam, wie oft wir schon Leute getroffen haben, die Doppelgänger sein können. Einer der Anwesenden sieht genau so aus, wie ein Freund von uns vor einigen Jahren. Ein anderer sieht wie der Chef einer Firma bei uns im Dorf aus – zum Verwechseln unheimlich ähnlich! Im Pub werden viele Lieder von den Gästen mit gesungen– nochmal: unbeschreibliche Stimmung!

Unsere Dame des Hauses hatte uns gebeten, die Haustür nicht von innen zu „verriegeln", wenn wir nach Hause kommen. Das wäre schon recht so und in Ordnung.

Die anderen Gäste wüssten Bescheid und auch nicht verriegeln. Um Mitternacht stehen wir also vor dem Haus – die Tür ist zu !!! Es stürmt, es regnet in Strömen – niemand ist zu sehen oder zu hören. Leider müssen wir zu so später Stunde dann stören und klingeln.

Zu unserem Erstaunen kommt einer der Herren, die wir als Doppelgänger angesehen haben und entriegelt die Tür von innen, für die es keinen Schlüssel gibt. Vielmals entschuldigt er sich für die verschlossene Tür - kann ja mal passieren.

… im Pub O`Conners Bar in Ballycastle.

19. September 2008

Im Frühstücksraum gibt es ein "großes Hallo". Da sitzt doch unser „Schließer von heute Nacht" mit einer großen Truppe, die wir alle bei der Musik gesehen haben. Sie alle kommen aus Kanada und alle zwei Jahre hier in dieses Haus.

Nach dem Frühstück fahren wir zur berühmten schwankenden Hängebrücke, der „Rope-Bridge". Die Brücke liegt ca. 30 m über der See. Sie wurde von Fischern angelegt, die dann auf die vorgelagerte Insel können, wo die Lachse ganz nahe am Felsen vorbei kommen. Ein Wächter, der Bill heißt, achtet darauf, dass nicht zu viele Menschen auf einmal auf der Brücke sind. Dieser Wächter spielt auch in einem meiner Kriminalromane („Ein tödlicher Workshop") mit. Auf dieser Brücke zu stehen, war immer schon eines der Ziele, was wir unbedingt machen wollen.

Auf geht`s zum nächsten Höhepunkt hier oben im Norden – gar nicht weit weg. Wir fahren zum „Giant`s Causeway" – wieder einmal. Das gehört einfach dazu, wenn wir hier oben sind. An die 40.000 Steinsäulen sollen hier stehen. Und ein Riese aus Schottland soll hier diesen Säulenweg angelegt haben, um wegen einer Frau nach Irland zu kommen. Er wollte sie rauben!

Im Heritage-Center bei „den Steinen" schauen wir uns noch einen Multivisions-Vortrag an und kaufen anschließend im Shop ein paar nette Kleinigkeiten – ein paar davon schon für Freunde und die kommende Adventszeit.

Der tolle weiße Sand der „Whitepark Bay" liegt auch noch auf unserem Weg. Dem statten wir noch einen Besuch ab. Es ist sehr schön hier oben an der Küste. Das Klima ist hier wegen dem Golf-Strom warm genug, dass nicht einmal die Palmen im „Winter" herein geholt werden müssen.

Ein leckeres Abendessen in Ballycastle genießen wir im „Quai-Restaurant" am kleinen Hafen (leckere Vorspeisen und Lamm).

Wieder einmal ein erlebnisreicher Tag voller toller Eindrücke. So viele frische Luft – der Sandmann kann heute ruhig etwas früher kommen.

20. September 2008

Heute steht eine Küstenfahrt und eine kleine Inlandstour an. Zunächst fahren wir zum „Torr Head" auf einer extrem schmalen Straße nach Cushendann. Es ist dort fast wie auf einem Gebirgspass mit Serpentinen, nur dass diese Straße hier wirklich sehr sehr schmal ist.

Von Cushendall zweigen wir in die „Glens of „Antrim" ab – eine sehenswerte Berglandschaft. Dann geht es noch weiter bis nach Larne, wo morgen die Fähre nach Schottland auf uns wartet. Soll sie zumindest, aber wir erkundigen uns am dortigen Check-Inn zur Beruhigung, ob wir auf der Liste stehen. Jawohl, alles ist klar. Auch die Rückfahrt nach Ballycastle ist super. Wir fahren die „Antrim-Coast-Road". An mehreren Stellen lädt die Natur uns ein, Pause zu machen. Es gibt dort wirklich bildschöne Fleckchen Erde.

Auch heute nehmen wir unser Abendessen in der „Central Bar" ein, weil es gestern so lecker war. Und auch heute sind wir natürlich nicht enttäuscht. Wir bekommen denselben Tisch. Nach einem Absacker geht es früh heim. Wir wissen ja nicht, was uns morgen auf der „Irischen See" nach Schottland erwartet – es kann stürmisch werden.

21. September 2008

Im Sonnenschein verabschieden wir uns von unserem Landhaus, war schön dort. Wir fahren heute die „Antrim-Coast-Road" in Richtung Larne. Da wir noch Zeit haben, gönnen wir uns noch eine Zwischenrast am Meer mit schönem Ausblick.

Um 12 h sind wir dann in Larne am Fährhafen. Gebucht haben wir die Schnellfähre, einen Katamaran, der nur 1 Stunde statt 2 ½ benötigt. Die See ist wunderbar ruhig. Wir können beruhigt in der kurzen Zeit Kaffee und einen Imbiss zu uns nehmen, während die Fähre mächtig Dampf macht. Und wirklich – in 1 Stunde legen wir pünktlich in Cairnrayan **in Schottland** an.

Auf dem Wege nach Dumfries kommen wir an einem „Alten Schulhaus" vorbei, wo wir Scones und Cappuccini genießen. Am Eingang zum Cafe gibt es wirklich nur eine klitze-kleine Ecke, wo etwas zum Verkauf angeboten wird. Und da sitzt ein Schaf. Auch Helga hat es gesehen, und wir sind uns auf der Stelle einig, dass es „mit" muss. Jetzt wird sich unser Bunglass freuen, denn er ist ab sofort nicht mehr allein und hat jetzt einen schottischen Freund. Wir taufen das schottische Schaf auf „McGregor".

Dann erreichen wir Dumfries, eine größere Stadt. Im gebuchten „Ferintosh Guest House" werden wir und unsere beiden Schafe herzlichst begrüßt von Anna und Robertson. Auf dem Zimmer erwartet uns ein Single-Malt Gruß – ein „Glen Moray".

Wir versuchen am Abend, im „Pub of the Year", dem „Cavern Arms", einen Tisch zu bekommen. Es ist leider zu voll und nichts frei, aber wir werden gefragt, ob wir etwas Zeit haben und etwas an der Bar warten wollen. Wir sagen zu.

An der Bar arbeitet eine Deutsche, die in Schottland studiert. Wir können schon bestellen. Sie sagt uns, wenn der Tisch frei wird. Unser Guinness ist noch nicht mal leer, da ist es so weit.

Das Essen ist auch dort wieder ein Gedicht. Wo sind „die" nur immer gewesen, die erzählen, dass man dort nicht vernünftig essen kann? Wir genießen Goast-Cheese-Salad und später Schweinefilet und Fleisch-Variationen - alles ist jedenfalls wieder Spitze!

Wir unterhalten uns noch eine Weile mit unserer Landsmännin aus Deutschland. Sie kommt aus Berlin und wie die meisten, die sie kennt, hat sie nicht vor, zurück zu gehen. Auch weiht sie uns in ein Geheimnis der „kalten" Guinness-Bestellung ein. Es gibt zwei Zapfsäulen, eine für normales Guinness und eine für „extra cold" Guinness.

Nach einem nur kurzem Spaziergang sind wir wieder in unserem B & B. Wir haben das „Robert Burns Zimmer" bekommen und fühlen uns sehr gut aufgehoben.

22. September 2008

Der Hausherr Robertson Wellen serviert uns das leckere Frühstück im Kilt ! Helga bekommt dazu Porridge mit einem Schuss Whisky als „Probe".

Super gut gestärkt fahren wir zum „Caerlaverock Castle". Die Burg ist relativ gut erhalten und stammt aus dem 16. Jahrhundert. Umgeben ist sie von zwei Wassergräben. Sie wäre noch wesentlich besser erhalten, hätten nicht hunderte von Engländern diese Burg angegriffen und mit Katapulten beschossen. Lange haben sich die Burgleute gehalten, dann mussten sie aufgeben. Die Angreifer waren erstaunt, dass dort nur 64 Männer verteidigten. Statt den Mut anzuerkennen, wurden die überlebenden Verteidiger an der Mauer aufgeknüpft – welch eine „heldenhafte" Leistung !!

Und noch eine Burg steht auf dem Programm - „Threave-Castle". Die Burg ist von einem breiten Wassergürtel umgeben und hat eine interessante Besonderheit. Um nämlich zur Burg zu kommen, muss man eine Glocke läuten. Dann kommt ein Fährmann mit einem kleinen Boot.

Wegen der Bezahlung erzähle ich dem Fährmann den Liedtext von Chris de Burgh: „Don`t pay the ferryman, before you are on other side". Er lacht und ist einverstanden, dass wir auf der Rückfahrt von der Insel erst bezahlen.

Nach einem frühen Abendessen im „Robert the Bruce" in Dumfries nehmen wir im B & B erst einmal eine Mütze voll Schlaf. Gegen 21 h ziehen wir dann wieder los in den Pub von Robert Burns, zum Pub „The Globe".

The Globe war der Lieblings-Pub von diesem berühmten Schotten, Poeten und Liedermacher. Wir haben Glück, denn heute ist der letzte Tag, wo der Pub geöffnet ist. Denn ab morgen läuft hier die Renovierung, da die Mauern teilweise von 1640 sind. Die Wirtin packt schon alles ein.

Wieder geht ein erlebnisreicher Tag zu Ende.

23. September 2008

Mr. Robertson Highlander gibt sich zum Frühstück wieder die Ehre im Kilt. Wir machen Fotos mit seinen Clan-Schwertern.

Anschließend gibt es noch eine kleine Whisky-Kunde. Aber getrunken wird nichts, da wir heute noch eine größere Strecke vor uns haben. Denn heute sind wir den letzten Tag in Schottland. Heute Abend werden wir in England sein, bereits in der Nähe unserer Fähre, die uns bald wieder erwartet.

Es gibt eine wieder sehr herzliche Verabschiedung, und Anna und Robertson wünschen uns allen eine gute Heimreise.

Eigentlich wollten wir ja noch 2 Tage in Edinburgh sein, aber der ADAC hat uns vor der Abreise noch rechtzeitig mitgeteilt, dass die Fähre von Rosyth bei Edinburgh nach Belgien gestrichen wurde. Der ADAC hat uns dann vorbildlich auf die Fähre Newcastle – Ijmuiden/Amsterdam umgebucht.

Unterwegs nach Whitley-Bay, das nur ein paar Kilometer von der Fähre entfernt ist, besichtigen wir noch die Reste eines Teiles des „Hadrian Walles", der vom römischen Kaiser Hadrian zum Schutz vor „Horden" angelegt wurde. Der Wall und die Reste der Anlagen stehen unter dem Schutz der UNESCO.

Am Nachmittag treffen wir in Whitley-Bay ein, einem alten Seebad mit Promenade und Strand.

Im „York-House-Hotel" bekommen wir mit Zimmer Nr. 2 ein sehr schönes und großes Zimmer, und ein Bad mit großer Glasdusche gehört dazu.

Zum schönen und weitläufigem Strand sind es nur 5 Minuten zu Fuß. Ein Imbiss dort ist fällig, aber den Haupthunger heben wir uns für den Abend auf. Da geht es zum Italiener „Al Forno", direkt an der Promenade. Es ist wunderbar eingerichtet, die Wände alle verschieden – mal nur Stein, mal Mauern mit römischen Köpfen und schönen Dingen auf den Tischen und Nischen. (inzwischen Besitzer-Wechsel ?)

Wir sind also in England in einem italienischen Restaurant. Der Kellner ist Türke und freut sich, dass er mal wieder Deutsch sprechen kann, da er in Deutschland schon gearbeitet hat. Hinter der Bar steht wohl ein Iraker, die Küchen-Mannschaft besteht wohl aus dem Rest der Welt. Mehrere von denen schauen aus der Durchreiche heraus und als wir die Daumen nach oben zeigen, da ist sichtlich Freude in ihren Gesichtern. Wir beschließen augenblicklich, am nächsten Abend wieder hier zu sein.

Im schönen Pub „Sir John Fitzgerald" gibt es heute den Absacker, dann gute Nacht allerseits.

24. September 2008

Heute ist Ruhetag angesagt. Unser Auto und unsere Schafe haben darum gebeten. Es gab in den letzten 25 Tagen so viele Eindrücke, die auch erst einmal mit etwas Ruhe verkraftet werden wollen. Wir schauen uns im Ort um, ob wir noch etwas finden, damit wir „Queen Mum" (Devisen) nicht mit nach Deutschland nehmen müssen. Am Strand gibt es noch einmal Cappuccini und Scones, dann ab zurück ins Hotel– Koffer packen.

Wie vorgesehen sind wir am Abend wieder im „Al Forno". Wolfgang hat zwar erst am nächsten Tag Geburtstag, aber wie wir es schon oft erlebt haben, bei zu rauer See fiel Essen aus. Deshalb wollen wir das Geburtstags-Essen schon heute vorziehen. Wir genießen ein volles Programm bis zum Nachtisch, der heute einfach sein muss. Es war wieder sehr schön hier. Wir wurden herzlichst wie Stammgäste begrüßt. Helga bekam zum Abschied beidseitig Küsschen. Zur Vorfeier gehören auch Guinness zum Abschluss. Die nehmen wir auch heute wieder im „Sir John Fitzgerald" zu uns.

Gute Nacht alsdann, das war ein sehr schöner vor-verlegter Geburtstag!

25. September 2008

Unsere Schafe und Helga bringen mir ein Ständchen – ich habe Geburtstag!

Gut gefrühstückt bummeln wir noch einmal durch Whitley-Bay, dann geht es die letzten Stunden an den schönen Strand.

Wir genehmigen uns dort zwei Riesenportionen Fish & Ships". Wie bei allen bisherigen Fahrten wissen wir ja nicht, ob das Meer gnädig zu uns sein wird. Da richten wir uns lieber darauf ein, dass dies hier vielleicht für heute unsere letzte Mahlzeit ist.

Gegen 15.oo h starten wir dann Richtung Newcastle, wo diesmal für uns erstmalig die „Queen of Skandinavian" unter norwegischer Flagge auf uns wartet und um 17.oo abfährt.

Es scheint extrem eng zu werden, denn bei der Einfahrt ins Schiff klappt schon ein Mensch unsere Spiegel ein – kann ja lustig werden.

Richtig genug: Unser heil erreichter Standplatz ist so eng, dass Helga über den Fahrersitz hinweg klettern und aussteigen muss.

Aber alles ist gut – wir sind an Bord - los geht`s.

Das Meer scheint ruhig zu bleiben, was auch der Kapitän verspricht, bei dem wir uns erkundigen. So wagen wir den Gang in eines der Restaurants. Nur noch eine „Kleinigkeit" wollen wir wagen. Nun ja – wir sind auf einem norwegischen Schiff :

Riesenburger mit Pommes je 16 €

Allerdings müssen wir sagen, dass es wirklich ein großer Burger ist und wirklich zum satt-werden.

In der Bar gibt es Live-Musik und einen letzten schottischen Single-Malt bzw. Baileys on Ice.

Wir haben nette englische Gesprächspartner am Tisch. Als der Mann von der Bar zurück kommt, hat er seiner Frau „ein" Glas Wein spendiert. Er ist – wie er sagt - doch etwas geschockt, denn für das Glas Wein hat er 14 € gezahlt.

Wir machen noch einen Schlenker durch`s Schiff und bleiben in der Bier-Bar bei normalen Preisen doch noch einmal hängen.   Dort haben wir weitere interessante Gesprächspartner – ein schottisches Ehepaar. Die beiden machen eine 3-Tage Reise von Newcastle nach Holland und nach Newcastle zurück – mit einer Zwischenübernachtung an Land in Amsterdam.

Gegen 23.oo h sind wir in unserer Kabine und legen uns bei immer noch ruhiger See nieder.

Ruhige See – das ist im Augenblick noch mein einziger Geburtstagswunsch.

Er wird erfüllt – DANKE.

26. September 2008

Über Lautsprecher weckt der Kapitän um 8.oo h die Passagiere und teilt mit, dass wir gegen 10.oo h in Ijmuiden anlegen werden.

Da haben wir noch genug Zeit fürs Frühstück mit Croissants, Kaffee, Käse und Marmelade.

Die Sonne scheint. Der heutige Rückweg von hier aus ist bequem. Um 14.oo h sind wir daheim.

Unser Kater hört schon unser Auto und kommt schnurrend angerannt. Alles finden wir super vor – Dank an die nette Nachbarin.

Unsere wunderschöne Reise ist zu Ende. Wir werden sicherlich noch sehr lange von unseren Eindrücken zehren. Und man sieht auch heute noch, während wir dieses Buch hier erarbeiten - wir haben kaum etwas vergessen.

ENDE

Epilog:

Auch für die Reise 2008 nach Irland und folgende gilt nach wie vor – wenn Irland und Schottland nicht ganz preiswert sind - jeder Euro ist es wert!

Und dass die Rückreise 2008 nicht mehr die lange Fahrt mit 920 km von Cherbourgh nach Hause mit sich bringt, ist positiv eine Wiederholung wert.

Auch wenn die Rückreise aus Irland dabei über Nordirland und Schottland führt, diese schönen Zusatz-Erlebnisse haben wir sehr genossen.

Und bei den kleinen Tages-Etappen war dies überhaupt kein Stress – im Gegenteil:Genuss pur!

Die Reise ist schon etwas her, **d a h e r** bitte **"aktuelle" Erkundigungen einziehen**, denn so vieles kann sich ändern, Fährverbindungen, Restaurant-Wechsel, B & B – Schließungen pp. .

Wir wünschen ihnen eine tolle Reise,

                machen sie es einfach – bald.

Informationen / weitere Bücher auch unter:

www :   wolfgang pein bücher

oder   wolfgang pein schafe bilder

Nachfolgend   befinden sich die Titel und auch die ISBN-Nummern meiner Bücher, die **bisher erschienen** und in jeder Buchhandlung

in Europa, Kanada und den USA „bestell bar" sind oder auch per Amazon   und   bei weiteren Bestell-Anbietern.

Alle Bücher gibt es   **a u c h**   **als E - Book**.

Die **Kinder – Bücher** wurden für Kinder, Jugendliche und zum Vorlesen geschrieben

Schaf-Geschichten mit Johanna

(ein **K i n d e r** - Buch

ISBN 9783848251032)

The adventures of two sheep friends

(in Englisch - ISBN 9783732233328)

Schafe mähen nicht nur Gras

(208 Seiten – **Roman** - (ISBN   9783738606584)

Schafe brauchen auch mal Urlaub

(208 Seiten – **Roman** -   ISBN   9783739241074)

Schaf-Geschichten aus dem schönen Vinschgau

(Südtirol/Norditalien -   ISBN   9783837079241)

Sheep Fight For Freedom

(in Englisch – **Roman** -   ISBN   9783741279713)

vier letzte Tage im Februar

(ein Kriminal – Roman - ISBN   9783743195417)

Eine falsche Badehose im Haifisch – Becken kann tödlich sein

(ein tödlicher Kriminal – Roman aus dem Bereich

der Finanzen und Bilanzen - 260 Seiten -

ISBN 9783744835091)

Ruhe sanft oder wie ich im Keller endete

(eine A k t e erzählt aus ihrem Leben

- locker und fröhlich erzählt – endlich mal ein Behörden-Verfahrens-Gang, den jeder versteht, - ISBN 9783744895286)

<u>**Irland**</u> **und ein etwas anderes**

Irisches Tagebuch

(ein farbiger Reisebericht -

ISBN 9783744837996)

Schottland und ein „etwas anderes Schottisches Tagebuch"

(ein weiterer farbiger Reisebericht -

ISBN   9783746012582)

ein tödlicher Workshop

(ein Kriminal – Roman aus einem Literatur-Camp in Nordirland / Schottland -

ISBN   9783746037028)

Sorry, leider kann ich nicht vergessen

(ein Kriminalroman um gebrochene Versprechen - ISBN   9783752835533)

Ferien beim Froschkönig

(ein **Kinder** - Buch - ISBN   9783746093185)

Manchmal sind Pläne für die Katz

(ein Justiz - Thriller -

ISBN 97837528863)

Von Ameisen in Gefahr und

einem sprechenden Brunnen

(ein **Kinder** - Buch

ISBN 9783746093185)

Drei Könige im Abendland   −   oder
wie es dazu kam, dass sie im Jahr 2012
immer noch die Krippe suchten

(vergnügliche Winter-Geschichten -
ISBN 9783748128939)

Wenn aus Feinden Freunde werden können
oder Lehrstunden aus dem Reich der Tiere

(tiefgründige Umwelt- und Tiergeschichten -

ISBN 9783748157410)

Vorschau:

„In Arbeit" **i s t** bereits ein experimentelles Buch.

In dem Buch mit dem Titel

„Ein Experiment mit Autoren,

die ihre ersten Geschichten vorstellen"

habe ich Partner/innen gefunden, die ebenso Spaß an der Erfindung von Geschichten haben.

Sie haben bisher noch nichts veröffentlicht. Die Geschichten, die wir zusammen gestellt haben, handeln allesamt aus dem Tierreich.

Zwei der Neuautoren sind noch Schüler, einer davon besucht erst die 2. Klasse.

Es gibt bereits eine ISBN – Nr.   9783748158417

(Veröffentlichung voraussichtlich:

Ende Februar / März 2019)